AF390078